Caligrafia

volume 2

1ª edição

≡III Moderna

Obra coletiva concebida, desenvolvida e produzida pela Editora Moderna.
© Editora Moderna 2006

☰III Moderna

Coordenação editorial: Virginia Aoki
Elaboração dos originais: Luiz Carlos Gonçalves de Oliveira
Edição de texto: Luiz Carlos Gonçalves de Oliveira, Alessandra Corá
Coordenação de *design* e projetos visuais: Sandra Botelho de Carvalho Homma
Projeto gráfico: Everson de Paula
Capa: [sic] computação gráfica
Fotos dos objetos de massinha: bicicleta © IP Digital Estudio 2/CID; carrinho © Trece por Dieciocho/CID; helicóptero © Trece por Dieciocho/CID; navio © Paulo Manzi
Coordenação de produção gráfica: André Monteiro, Maria de Lourdes Rodrigues
Coordenação de revisão: Estevam Vieira Lédo Júnior
Revisão: Elaine C. del Nero, Estevam Vieira Lédo Júnior
Edição de arte: Rodolpho de Souza
Ilustrações: Fabiana Salomão
Assistência de produção: Maria Lucia F. Couto
Coordenação de pesquisa iconográfica: Ana Lucia Soares
Pesquisa iconográfica: Ana Lucia Soares
As imagens identificadas com a sigla CID foram fornecidas pelo Centro de Informação e Documentação da Editora Moderna.
Saída de filmes: Helio P. de Souza Filho, Marcio Hideyuki Kamoto
Coordenação de produção industrial: Wilson Aparecido Troque

IMPRESSÃO
NB Impressos
LOTE
784002
COD
12051064

ISBN 85-16-05106-4 (LA)
ISBN 85-16-05107-2 (LP)

Reprodução proibida. Art. 184 do Código Penal e Lei 9.610 de 19 de fevereiro de 1998.
Todos os direitos reservados
EDITORA MODERNA LTDA.
Rua Padre Adelino, 758 - Belenzinho
São Paulo - SP - Brasil - CEP 03303-904
Vendas e Atendimento: Tel. (0_ _11) 2790-1500
Fax (0_ _11) 2790-1501
www.moderna.com.br
2024
Impresso no Brasil

1 3 5 7 9 10 8 6 4 2   R.O.

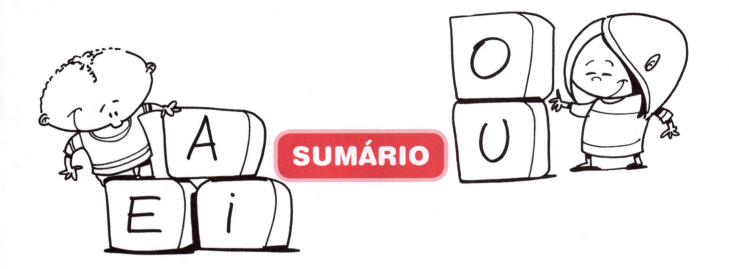

SUMÁRIO

Este é o alfabeto 4	(qu) 34
Vamos escrever: O alfabeto 6	r ou rr 36
As vogais 10	c ou s 38
Encontros vocálicos 12	s ou ss 40
Encontros vocálicos 14	ç ou ss 42
m ou n 16	sc ou xc 44
Vamos decifrar: Charadinhas 18	s ou z 46
b ou p 20	s ou z (final) 48
c ou g 21	Vamos decifrar: Charadinhas 50
Vamos decifrar: Charadinhas 22	Os sons do x 52
d ou t 24	Vamos escrever: k, w, y 54
f ou v 25	Sinais de pontuação 56
ch ou x 26	Vamos criar: Carta 58
Vamos ler e escrever: Poema 28	Vamos completar: Uma história 60
g ou j 30	Vamos escrever: Numerais 62
(gu) 32	

Este é o

| A a | B b | C c | D d | E e | F f | G g | H h | I i | J j | K k | L l | M m |

Vamos escrever
O alfabeto

• Cubra o pontilhado e complete as demais linhas.

Aa	Aa Aa Aa Aa Aa
Bb	Bb
Cc	Cc
Dd	Dd
Ee	Ee
Ff	Ff
Gg	Gg
Hh	Hh

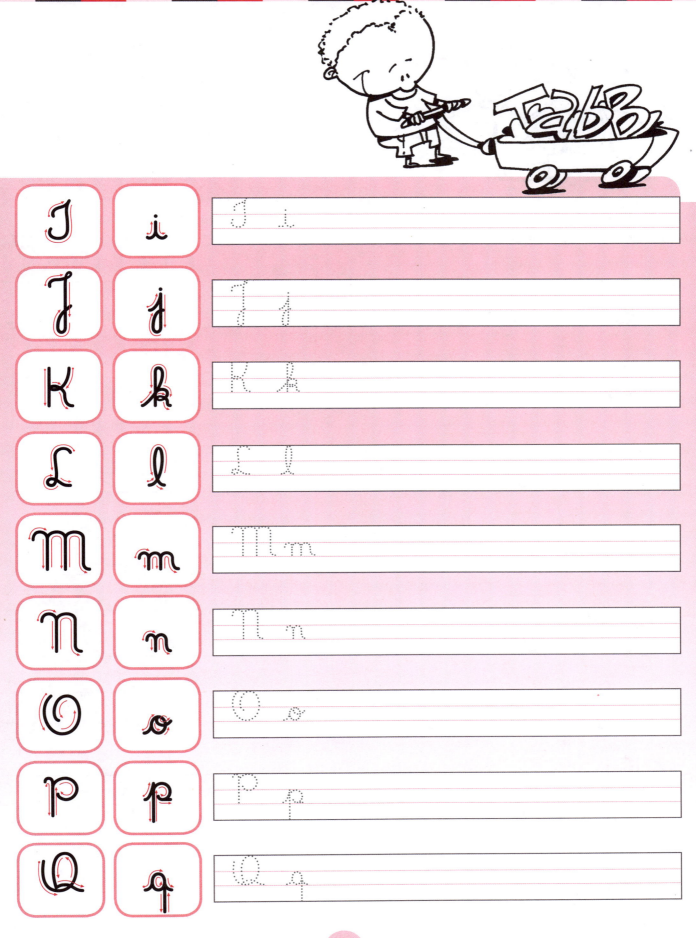

● Escreva as letras que faltam para completar o alfabeto.

As vogais

• Leia o texto a seguir.

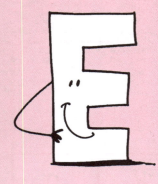

O Reino das Letras

Era uma vez o Reino das Letras,
Um reino bastante especial.
Lá só havia consoantes,
Lá nunca nasceu uma vogal.

Àquele reino distante
Em que vogal nunca se viu
Chegou a família do A,
Chegou e nunca mais partiu.

A família E veio logo depois,
E a família I foi a terceira.
Quando a O se mudou para lá
A população estava quase inteira.

E num certo dia, por último
A família U ao reino chegou.
Então, com todas as famílias,
O Reino das Letras se completou.

● **Complete cada quadro com nomes da mesma família. Cada família deve ser formada por nomes que comecem com a mesma vogal.**

Família **A** — Alice

Família **E** — Edson

Família **I** — Inês

Família **O** — Oscar

Família **U** — Ulisses

Encontros vocálicos

• Leia e copie o texto a seguir.

Certa vez uma vizinha [...]

pediu pra deixar seu gato

conosco só por um dia.

Mal o gato entrou na casa

Gatinho se entristeceu

Pulou em cima do intruso

Que, assustado, correu.

Ferreira Gullar. *Um gato chamado Gatinho*. Rio de Janeiro: Salamandra.

- Copie, do texto que você leu, o que se pede.

Palavras que tenham o encontro vocálico **eu**

| entristeceu | |

Palavras que tenham o encontro vocálico **ou**

| | |

Palavra que tenha o encontro vocálico **ia**

| |

- Como você imagina o Gatinho? Desenhe-o no espaço abaixo.

Encontros vocálicos

• Leia e copie a trovinha.

Eu sou pequenininha

Do tamanho de um botão

Carrego papai no bolso

E mamãe no coração.

Trovinha popular.

• Copie da trovinha o que se pede.

Palavras que tenham o encontro vocálico **ão**

Palavra que tenha o encontro vocálico **ãe**

Complete as frases de acordo com as figuras.

Quero fazer um lanche.

Preciso comprar _____

Na África há poucos _____

Aldo é o goleiro do time da classe.

Ele usa luvas nas _____

Gabriel não é filho único.

Ele tem dois _____

Tome cuidado com os _____

Vejam como o céu está colorido.

É que há muitos _____

Qual é a letra?

m ou n

- Complete as lacunas, usando **m** ou **n**. Depois, copie o texto.

O te___po pergu___tou ao te___po

Qua___to te___po o te___po te___

O te___po respo___deu ao te___po

Que o te___po te___ ta___to te___po

Qua___to te___po o te___po te___.

Da tradição popular.

● **Complete as lacunas, usando ão ou am.** Em seguida, copie o texto.

— Seus amigos já for____ embora?

— Sim, acabar____ de sair.

— Eles voltar____ amanhã?

— Voltar____ para fazermos uma pesquisa.

— Vocês far____ uma pesquisa sobre o quê?

— Sobre dinossauros. Eles for____ extintos

há milhões de anos.

Vamos decifrar

Charadinhas

• Copie a charadinha. Em seguida, escreva a resposta.

Se for bom de adivinhação

Ouça bem, preste atenção.

Enquanto eu giro e rodopio

Lanço aqui um desafio.

De qualquer material sou feito.

Importante é girar perfeito.

Giro, giro, giro no chão

E giro também na sua mão.

Descobriu? Eu sou o _____

Resposta: pião.

● Leia e copie a charadinha. Sabe de quem ela está falando? Se souber, desenhe essa personagem.

Eu nasci da nobre madeira,

Nasci para tocar a vida inteira.

Cada veia minha é corda bem fina

Que toca bem, mas também desafina.

Dim-dão-dim, dão-dim-dão

Sou harmonioso, sou o _____

Resposta: violão.

19

Qual é a letra?

• Complete as lacunas corretamente com **b** ou **p** e copie o texto.

A ___om___a é usada na guerra.

Já a ___om___a é sím___olo da ___az,

E traz esperança à Terra:

Uma letrinha e que diferença faz!

Todos querem bem a ___om___a

Mas a ___om___a, ninguém quer, não,

A menos que a ___om___a

Seja ___om___inha de São João.

Qual é a letra?

• Complete corretamente com **c** ou **g** e copie o texto.

Se o ___ato quer ___olo

E um pou___o de ___arinho

Ele mia den___oso

Ele mia baixinho.

Vem se enros___ar no meu pé

Então eu ___ato o ___ato

E faço o que ele mais ___osta

Que é um bom ___afuné.

Vamos decifrar

Charadinhas

- Leia e copie a charadinha. Em seguida, escreva a resposta.

Tenho patas na cabeça

sou duro, cascudo, baixo,

desajeitado e engraçado.

Em vez de andar para a frente

eu ando sempre de lado.

Sorte que não tenho espelho

por isso nunca me vejo.

Renata Pallottini. *O livro das adivinhações*. São Paulo: Moderna.

Resposta: sou um _____

Resposta: caranguejo.

- Leia esta outra charadinha. Se descobrir de quem ela fala, desenhe essa personagem.

Cabecinha pequena
E corpo quente.
Canto de madrugada
E acordo a gente.

Minha senhora é muito apreciada
Mas canta só por pura propaganda.

Eu canto por cantar
Eu não me calo.

Quem sou eu afinal?

Renata Pallottini. *O livro das adivinhações.*
São Paulo: Moderna.

Resposta: o galo.

Qual é a letra?

d ou t

● Complete as lacunas corretamente com **d** ou **t** e copie o texto.

__aman__uá tem __en__e? Se ele tem,

Não con__a pra gen__e

__aman__uá é __es__en__a__o?

Se ele é,

Que segre__o bem guar__a__o.

Ele é um bicho con__en__e.

Pois se é banguela

Nunca vai __er __or de __en__e.

Qual é a letra?

f ou v

● Complete as lacunas corretamente com **f** ou **v** e copie o texto.

A pequena bailarina

Era uma ___ez uma bailarina

Que dança___a muito bem.

Tão jovem e ___ranzina,

E ___alsa___a como ninguém.

___inha gente de toda a ___ila

Assistir à ___amosa menina,

Se ___orma___a uma enorme ___ila

Que só acaba___a lá na esquina.

Qual é a letra?

- Complete corretamente com **ch** ou **x**. Depois, copie o texto.

O peixão

Vi Xavier à beira do ria____o

Sem se me____er nenhum instante.

Ele estava, eu a____o,

Esperando um pei____e gigante.

E algo a linha pu____ou,

Parecia enorme o bi____o.

Mas, quando da água tirou,

Era só um saco de li____o.

● Escreva o nome das figuras.
Em seguida, crie uma frase com o nome de cada figura.

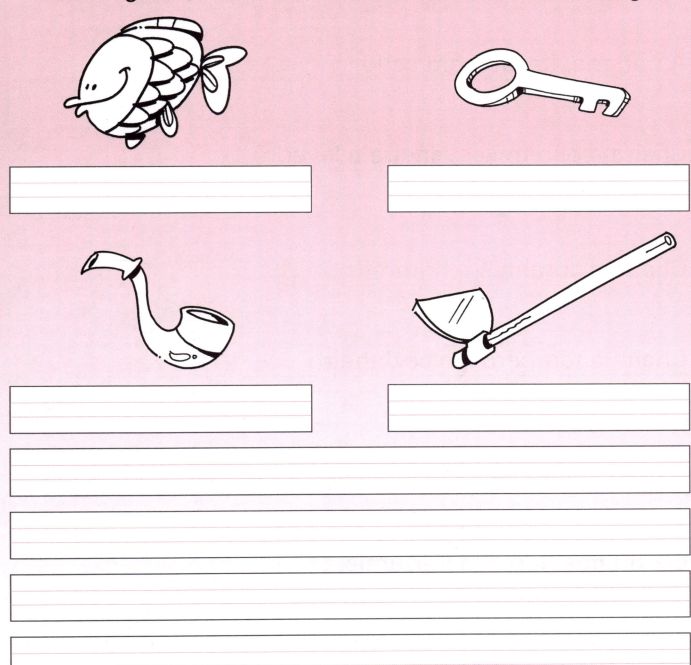

Vamos ler e escrever

Poema

- Leia e copie o poema a seguir.

Muitos cheiros

A padaria, desde bem cedo,

Cheira a pão fresco, cheira a levedo;

Cheira a corantes o tintureiro,

Cheira a temperos, o cozinheiro;

A maquilagem cheira a artista,

E a muitas flores, o perfumista;

Cheira a remédio o atento doutor,

E cheira a peixe o bom pescador;

De graxa, é o cheiro do maquinista,

De gasolina, o do motorista; [...]

Do camponês, de terra é o cheiro,

Cravo e canela, o odor do doceiro; [...]

Samuil Marchak: *Di-versos russos*. Tradução de Tatiana Belinky. São Paulo: Scipione.

Qual é a letra?

g ou j

- Complete com **g** ou **j**. Depois, copie o texto.

Ro___ério é ___eó___rafo. Ele via___ou bastante

para estudar as re___iões brasileiras.

Nas via___ens ele conheceu muita ___ente.

Ele também ___á viu bicho de todo ___eito:

___acaré, ___abuti, ___iboia.

Ho___e Ro___ério dá aulas de ___eo___rafia e

é um professor exi___ente.

• Copie cada uma das palavras a seguir em seu grupo correto.

diligência   imagem   ~~bagagem~~   urgência
coragem   garagem   agência   ~~emergência~~

Grupo das palavras terminadas em **gência**

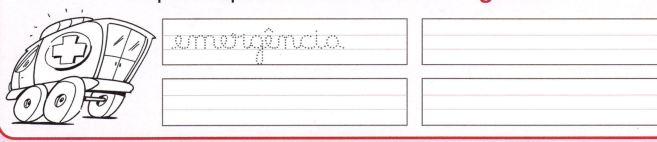

emergência

Grupo das palavras terminadas em **agem**

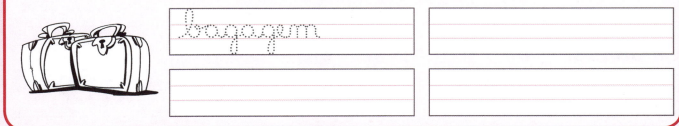

bagagem

• Escolha uma palavra de cada grupo.
Depois, crie uma frase com cada palavra escolhida.

Qual é a letra?

(gu)

• Você conhece a cantiga abaixo? Copie-a e depois termine de cantá-la com os colegas.

Caranguejo não é peixe,

Caranguejo peixe é.

Caranguejo só é peixe

Na enchente da maré.

Da tradição popular.

● Copie cada uma das palavras em seu grupo.

| quincho | ~~guarda~~ | régua | ~~guitarra~~ |
| foguete | égua | guaraná | mangueira |

guarda

guitarra

● Escolha uma palavra de cada grupo.
Em seguida, crie uma frase com cada palavra escolhida.

Qual é a letra?

(qu)

- Leia e copie o texto.

Os quatis vivem em árvores, formando grupos de quatro a vinte.

Percorrem as matas a procura de alimento como pequenas aves, ovos, insetos e frutas. Dormem no alto das árvores, enrolados como uma bola.

● Copie cada uma das palavras em seu grupo.

aquário   moleque   caqui   ~~quarenta~~
~~esquilo~~   queijo   quarto

40

quarenta

esquilo

● Selecione uma palavra de cada grupo.
Em seguida, crie uma frase com cada palavra selecionada.

Qual é a letra?

r ou rr

• Complete as lacunas com **r** ou **rr**. Depois, leia e copie o texto.

   A ____aposa apostou co____ida com a ta____ta____uga. O vencedor se____ia o co____edor que atravessasse a flo____esta e chegasse ao mar p____imei____o.

   Quem você acha que ganhou essa co____ida?

● Copie, no grupo correto, cada uma das palavras.

raposa   correio   ~~carro~~   revista
burro   ~~rádio~~   recado   arroz

Grupo das palavras escritas com **r**

rádio

Grupo das palavras escritas com **rr**

carro

● Escolha uma palavra de cada grupo.
Depois, crie uma frase com cada palavra escolhida.

Qual é a letra?

c ou s

- Complete as lacunas com **c** ou **s**. Em seguida, leia e copie o texto.

Celina queria assistir ao novo filme de ficção ___ientífica, cheio de naves espa___iais e ___eres de outros planetas.

Quando ia ___air para o cinema, o ___éu estava ___inza e começou a chuvarada. Que pena!

● Copie cada palavra no seu grupo correto.

| semana | cebola | ~~cenoura~~ | semáforo |
| cinzas | ~~sino~~ | sírio | cinema |

Grupo das palavras escritas com **c**

cenoura

Grupo das palavras escritas com **s**

sino

● Selecione uma palavra de cada grupo.
Em seguida, crie uma frase com cada palavra selecionada.

Qual é a letra?

s ou ss

- Descubra os desenhos, pinte-os e escreva os nomes na coluna correta.

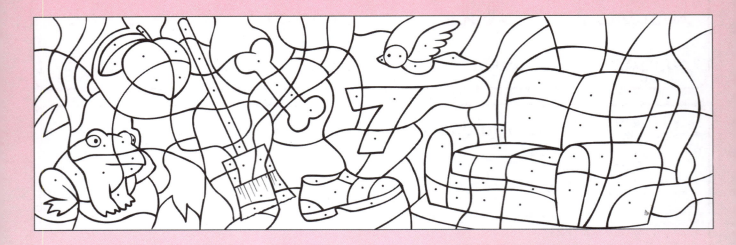

s	ss

Respostas: sapo, sapato, sete, sofá

Respostas: pêssego, vassoura, osso, pássaro

- Copie cada palavra no seu grupo correto.

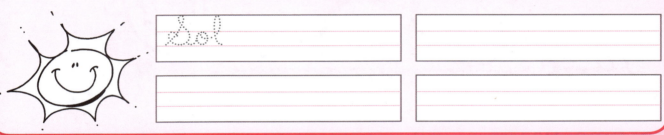

sacola   passo   suco   ~~pessoa~~
sombra   passagem   ~~Sol~~   assovio

Grupo das palavras escritas com **s**

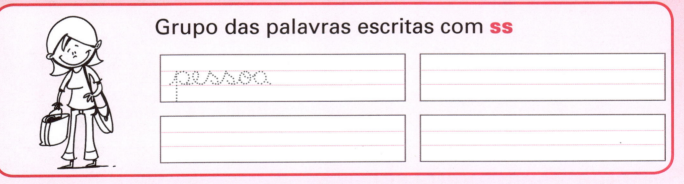

Sol

Grupo das palavras escritas com **ss**

pessoa

- Escolha uma palavra de cada grupo.
Na sequência, crie uma frase com cada palavra escolhida.

Qual é a letra?

ç ou ss

• Complete as lacunas com **ç** ou **ss**. Em seguida, leia e copie o texto.

Era uma vez

um bicho esbranqui____ado.

Se toma____e muito sol,

ficava a____im a____ado.

Eva Furnari. *Assim assado*. São Paulo: Moderna.

• Copie, no grupo correto, cada palavra do quadro.

caçamba	assoalho	pássaro	caroço
~~moça~~	massa	pescoço	~~osso~~

Grupo das palavras escritas com ç

moça

Grupo das palavras escritas com ss

osso

• Escolha uma palavra de cada grupo.
Depois, crie uma frase com cada palavra escolhida.

Qual é a letra?

sc ou xc

- Complete as lacunas com **sc** ou **xc**. Em seguida, leia e copie o texto.

Em uma fazenda na____eram patinhos belíssimos, e____eto o último, muito diferente de seus irmãos.

Qual não foi a surpresa, quando tomaram con____iência de que era um cisne fa____inante!

● Copie cada palavra a seguir no seu grupo correto.

fascínio   ~~*piscina*~~   *excêntrico*   *excepcional*
~~*excesso*~~   *excessivo*   *descida*   *crescimento*

Grupo das palavras escritas com **sc**

piscina

Grupo das palavras escritas com **xc**

excesso

● Escolha uma palavra de cada grupo.
A seguir, crie uma frase com cada palavra escolhida.

Qual é a letra?

s ou z

- Complete as lacunas com **s** ou **z**. Em seguida, leia e copie o texto.

No restaurante Bom Apetite, uma fregue___a não economi___ou ao fazer o pedido.

Pediu macarrão à bolonhe___a, bife à milane___a e linguiça calabre___a.

Será que ela é gulo___a?

● Leia as palavras do quadro e copie-as no seu grupo correto.

| beleza | riqueza | pobreza | japonesa |
| francesa | inglesa | chinesa | dureza |

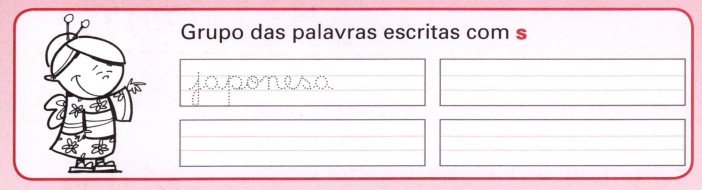

Grupo das palavras escritas com **s**

japonesa

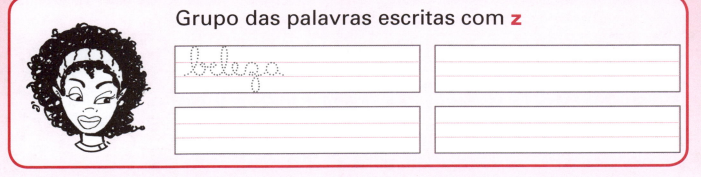

Grupo das palavras escritas com **z**

beleza

Selecione uma palavra de cada grupo.
Depois, crie uma frase com cada palavra selecionada.

Qual é a letra?

s ou z (final)

- **Complete as lacunas com s ou z. Em seguida, leia e copie o texto.**

Conta-se que um aprendi___ certa ve___

Perguntou a seu mestre chinê___:

— Mestre, há no mundo algum paí___

Em que todo habitante seja sempre feli___?

O sábio respondeu:

— Há, ma___ chegar lá ninguém foi capa___.

● Copie cada palavra a seguir no seu grupo correto.

feroz   português   ~~gás~~   capuz
mês   ~~rapidez~~   sensatez   francês

Grupo das palavras escritas com **s** no final

gás

Grupo das palavras escritas com **z** no final

rapidez

Escolha uma palavra de cada grupo.
Depois, crie uma frase com cada palavra escolhida.

49

Vamos decifrar

Charadinhas

- Copie a charadinha. Depois, decifre-a.

Quatro pernas e uma tábua.

Sou alegre

porque sempre faço falta.

Aqui se come

aqui se estuda

aqui é possível qualquer surpresa.

Sou a essência da casa.

Quem sou eu?

Renata Pallottini. *O livro das adivinhações*. São Paulo: Moderna.

Resposta: é a mesa.

● Leia e copie a charadinha. Depois, decifre-a.

Se o assunto é urgente

Faço muito ruído

— Sai da frente!

Grito a qualquer distraído.

Sou bastante escandalosa,

Logo percebem onde eu estou.

Agora, deixando de prosa,

Bi-bi, fom-fom, quem eu sou?

Resposta: é a buzina.

Os sons do x

- Leia e copie o texto. Observe, na leitura, os diferentes sons da letra **x**.

Alexandre havia estudado, tinha ouvido com atenção todas as explicações, acompanhado todos os exemplos, mas na hora do exame... Que vexame!
Ele ficava nervoso e não acertava nenhum exercício.

- Copie, no grupo correto, as palavras do quadro.

exército	roxo	explosão	exploração
peixe	enxame	exemplar	exótico
extinção	exame	bruxa	exportação

Grupo das palavras em que o **x** tem som de **ch**

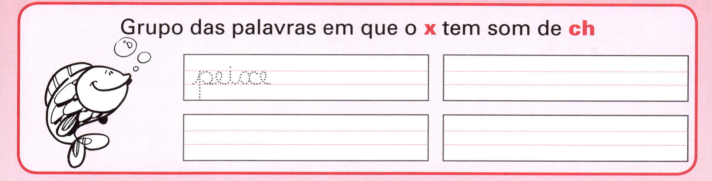

peixe

Grupo das palavras em que o **x** tem som de **s**

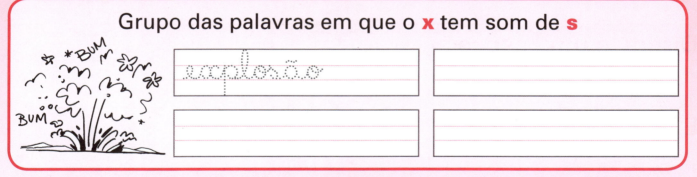

explosão

Grupo das palavras em que o **x** tem som de **z**

exército

Vamos escrever

k, w, y

- Leia e copie o texto a seguir. Preste atenção nas letras **k**, **w** e **y**.

A letra K tem uma norma:

É consoante sempre, nunca se transforma.

Já o Y se faz de vogal

(Essa exótica letra,

Dizem, é um I especial.)

E o W é inconstante:

Se é vogal em Wílson,

Em Wálter é consoante.

A seguir há uma lista de palavras de origem estrangeira.
Escolha três palavras dessa lista e crie uma frase com cada uma das escolhidas.

walkman   funk
milk-shake   web
diskman   bike
skate   rock

Sinais de pontuação

- Leia o texto a seguir e o copie na página ao lado. Preste atenção nos sinais de pontuação.

Logo de manhã, Marcelo começou a falar na nova língua:

— Mamãe, quer me passar o mexedor?

— Mexedor? Que é isso?

— Mexedorzinho, de mexer café.

— Ah... colherinha, você quer dizer.

— Papai, me dá o suco de vaca?

— Que é isso, menino?

— Suco de vaca, ora! Que está na suco-de-vaqueira.

— Isso é leite, Marcelo. Quem é que entende este menino?

Ruth Rocha. *Marcelo, marmelo, martelo*. Rio de Janeiro: Salamandra.

mexedor
suco-de-vaqueira

Vamos criar

Carta

- Lembra-se da história de Chapeuzinho Vermelho? Observe as partes desta carta que a Vovó enviou a Chapeuzinho.

Local e data → Floresta Encantada, 9 de novembro de 1706.

Chapeuzinho Vermelho, ← **Cumprimento ao destinatário**

Como vai você, minha querida netinha? Nossa, que susto que o Lobo Mau nos deu! Que bom que o caçador estava por perto e nos socorreu.

Ah! O bolo que você trouxe estava delicioso. Passe aqui para pegar a sua cestinha de volta. Quando vier, venha acompanhada, é perigoso andar sozinha na floresta. — **Assunto**

Um beijo da sua — **Despedida**

Vovó — **Assinatura**

- Agora, imagine-se no lugar de Chapeuzinho Vermelho. Escreva uma carta em resposta à carta da Vovó.

Local e data

Cumprimento ao destinatário

Assunto

Despedida

Assinatura do remetente

Vamos completar

Uma história

Escreva o nome das figuras e complete a história.

A ratinha e a noz

Era uma vez uma  curiosa.

Ao caminhar pela Terra Mágica, a ratinha viu uma

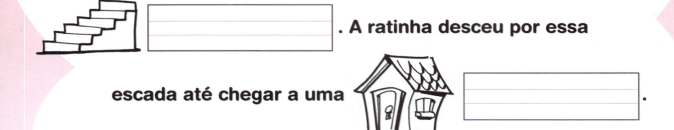 e decidiu levá-la para sua casa.

A noz caiu em um buraco embaixo de uma

. A ratinha desceu por essa

escada até chegar a uma _____ .

Ali tudo era pequenino: a mesa, as cadeiras, até o

_____ era minúsculo.

Um malvado 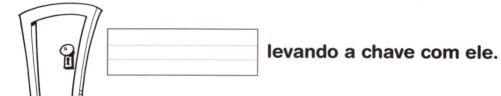 vivia naquela casinha. Ele obrigou a ratinha a trabalhar para ele.

Todos os dias o malvado saía bem cedo e trancava a  levando a chave com ele.

Um dia, ele se esqueceu de trancar a porta. A ratinha achou a noz na _____ e fugiu com a noz.

Quando voltou para casa, ela deixou sua noz cair e se partir em _____ pedaços. Dentro da noz havia uma surpresa, que deixou a ratinha feliz: era um belo 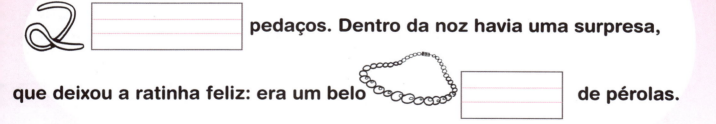 de pérolas.

E o homenzinho malvado nunca mais encontrou a ratinha porque não sabia o endereço dela.

Conto tradicional.

Vamos escrever
Numerais

• Complete a coluna do meio e cubra a coluna pontilhada.

1º	1º	primeiro
2º		segundo
3º		terceiro
4º		quarto
5º		quinto
6º		sexto
7º		sétimo
8º		oitavo
9º		nono
10º		décimo

11º		décimo primeiro
12º		décimo segundo
13º		décimo terceiro
14º		décimo quarto
15º		décimo quinto
16º		décimo sexto
17º		décimo sétimo
18º		décimo oitavo
19º		décimo nono
20º		vigésimo

30º		trigésimo
40º		quadragésimo
50º		quinquagésimo
60º		sexagésimo
70º		septuagésimo
80º		octogésimo
90º		nonagésimo
100º		centésimo